This book belongs to:

_____

_____

_____

SERVICE

Phone Provider

USERNAME:

PASSWORD:

SECURITY QUESTION:

ANSWERS:

Cable Provider

USERNAME:

PASSWORD:

SECURITY QUESTION :

ANSWERS:

Credit Card

USERNAME:

PASSWORD:

SECURITY QUESTION:

ANSWERS:

SOCIAL MEDIA

Google

USERNAME:

PASSWORD:

SECURITY QUESTION:

ANSWERS:

YouTube

USERNAME:

PASSWORD:

SECURITY QUESTION:

ANSWERS:

Facebook

USERNAME:

PASSWORD:

SECURITY QUESTION:

ANSWERS:

SOCIAL MEDIA

Instagram

USERNAME:

PASSWORD:

SECURITY QUESTION :

ANSWERS:

Twitter

USERNAME:

PASSWORD:

SECURITY QUESTION:

ANSWERS:

Snapchat

USERNAME:

PASSWORD:

SECURITY QUESTION:

ANSWERS:

SOCIAL MEDIA & ETC

LinkedIn

USERNAME:

PASSWORD:

SECURITY QUESTION:

ANSWERS:

Yahoo

USERNAME:

PASSWORD:

SECURITY QUESTION:

ANSWERS:

Amazon

USERNAME:

PASSWORD:

SECURITY QUESTION:

ANSWERS:

WEBSITE

USERNAME

PASSWORD

NOTES

• •

WEBSITE

USERNAME

PASSWORD

NOTES

• •

A

WEBSITE

USERNAME

PASSWORD

NOTES

• •

WEBSITE

USERNAME

PASSWORD

NOTES

WEBSITE

USERNAME

PASSWORD

NOTES

• •

WEBSITE

USERNAME

PASSWORD

NOTES

A
• • • • • • • • • • • • • • • • • • • •

WEBSITE

USERNAME

PASSWORD

NOTES

• •

WEBSITE

USERNAME

PASSWORD

NOTES

WEBSITE

USERNAME

PASSWORD

NOTES

• •

WEBSITE

USERNAME

PASSWORD

NOTES

• •

A

WEBSITE

USERNAME

PASSWORD

NOTES

• •

WEBSITE

USERNAME

PASSWORD

NOTES

WEBSITE

USERNAME

PASSWORD

NOTES

• •

WEBSITE

USERNAME

PASSWORD

NOTES

B   • • • • • • • • • • • • • • • • • • •

WEBSITE

USERNAME

PASSWORD

NOTES

• •

WEBSITE

USERNAME

PASSWORD

NOTES

WEBSITE _____

USERNAME _____

PASSWORD _____

NOTES _____

_____

_____

• •

WEBSITE _____

USERNAME _____

PASSWORD _____

NOTES _____

_____

_____

•   **B**

WEBSITE _____

USERNAME _____

PASSWORD _____

NOTES _____

_____

_____

• •

WEBSITE _____

USERNAME _____

PASSWORD _____

NOTES _____

_____

_____

WEBSITE

USERNAME

PASSWORD

NOTES

• • • • • • • • • • • • • • • • • • • •

WEBSITE

USERNAME

PASSWORD

NOTES

B • • • • • • • • • • • • • • • • • • •

WEBSITE

USERNAME

PASSWORD

NOTES

• • • • • • • • • • • • • • • • • • • •

WEBSITE

USERNAME

PASSWORD

NOTES

WEBSITE

USERNAME

PASSWORD

NOTES

• • • • • • • • • • • • • • • • • • • •

WEBSITE

USERNAME

PASSWORD

NOTES

• • • • • • • • • • • • • • • • • • • •

C

WEBSITE

USERNAME

PASSWORD

NOTES

• • • • • • • • • • • • • • • • • • • •

WEBSITE

USERNAME

PASSWORD

NOTES

WEBSITE

USERNAME

PASSWORD

NOTES

● ● ● ● ● ● ● ● ● ● ● ● ● ● ● ● ● ● ● ●

WEBSITE

USERNAME

PASSWORD

NOTES

WEBSITE

USERNAME

PASSWORD

NOTES

● ● ● ● ● ● ● ● ● ● ● ● ● ● ● ● ● ● ● ●

WEBSITE

USERNAME

PASSWORD

NOTES

WEBSITE

USERNAME

PASSWORD

NOTES

· ·

WEBSITE

USERNAME

PASSWORD

NOTES

· ·

WEBSITE

USERNAME

PASSWORD

NOTES

· ·

WEBSITE

USERNAME

PASSWORD

NOTES

WEBSITE

USERNAME

PASSWORD

NOTES

• • • • • • • • • • • • • • • • • • • •

WEBSITE

USERNAME

PASSWORD

NOTES

D   • • • • • • • • • • • • • • • • • •

WEBSITE

USERNAME

PASSWORD

NOTES

• • • • • • • • • • • • • • • • • • • •

WEBSITE

USERNAME

PASSWORD

NOTES

WEBSITE

USERNAME

PASSWORD

NOTES

• •

WEBSITE

USERNAME

PASSWORD

NOTES

• •

D

WEBSITE

USERNAME

PASSWORD

NOTES

• •

WEBSITE

USERNAME

PASSWORD

NOTES

WEBSITE

USERNAME

PASSWORD

NOTES

● ●

WEBSITE

USERNAME

PASSWORD

NOTES

D　　　　● ● ● ● ● ● ● ● ● ● ● ● ● ● ● ● ● ● ●

WEBSITE

USERNAME

PASSWORD

NOTES

● ●

WEBSITE

USERNAME

PASSWORD

NOTES

WEBSITE

USERNAME

PASSWORD

NOTES

· ·

WEBSITE

USERNAME

PASSWORD

NOTES

· ·

E

WEBSITE

USERNAME

PASSWORD

NOTES

· ·

WEBSITE

USERNAME

PASSWORD

NOTES

WEBSITE

USERNAME

PASSWORD

NOTES

• • • • • • • • • • • • • • • • • • • •

WEBSITE

USERNAME

PASSWORD

NOTES

E　　　• • • • • • • • • • • • • • • • • •

WEBSITE

USERNAME

PASSWORD

NOTES

• • • • • • • • • • • • • • • • • • •

WEBSITE

USERNAME

PASSWORD

NOTES

WEBSITE

USERNAME

PASSWORD

NOTES

• •

WEBSITE

USERNAME

PASSWORD

NOTES

• •

E

WEBSITE

USERNAME

PASSWORD

NOTES

• •

WEBSITE

USERNAME

PASSWORD

NOTES

WEBSITE

USERNAME

PASSWORD

NOTES

● ● ● ● ● ● ● ● ● ● ● ● ● ● ● ● ● ● ● ●

WEBSITE

USERNAME

PASSWORD

NOTES

F

● ● ● ● ● ● ● ● ● ● ● ● ● ● ● ● ● ● ● ●

WEBSITE

USERNAME

PASSWORD

NOTES

● ● ● ● ● ● ● ● ● ● ● ● ● ● ● ● ● ● ● ●

WEBSITE

USERNAME

PASSWORD

NOTES

WEBSITE

USERNAME

PASSWORD

NOTES

· ·

WEBSITE

USERNAME

PASSWORD

NOTES

F

· ·

WEBSITE

USERNAME

PASSWORD

NOTES

· ·

WEBSITE

USERNAME

PASSWORD

NOTES

WEBSITE

USERNAME

PASSWORD

NOTES

• • • • • • • • • • • • • • • • • •

WEBSITE

USERNAME

PASSWORD

NOTES

F • • • • • • • • • • • • • • • •

WEBSITE

USERNAME

PASSWORD

NOTES

• • • • • • • • • • • • • • • • • •

WEBSITE

USERNAME

PASSWORD

NOTES

WEBSITE

USERNAME

PASSWORD

NOTES

· ·

WEBSITE

USERNAME

PASSWORD

NOTES

· ·

G

WEBSITE

USERNAME

PASSWORD

NOTES

· ·

WEBSITE

USERNAME

PASSWORD

NOTES

WEBSITE

USERNAME

PASSWORD

NOTES

• •

WEBSITE

USERNAME

PASSWORD

NOTES

G

• • • • • • • • • • • • • • • • • • • •

WEBSITE

USERNAME

PASSWORD

NOTES

• •

WEBSITE

USERNAME

PASSWORD

NOTES

WEBSITE

USERNAME

PASSWORD

NOTES

· ·

WEBSITE

USERNAME

PASSWORD

NOTES

· ·

G

WEBSITE

USERNAME

PASSWORD

NOTES

· ·

WEBSITE

USERNAME

PASSWORD

NOTES

WEBSITE

USERNAME

PASSWORD

NOTES

• • • • • • • • • • • • • • • • • • • •

WEBSITE

USERNAME

PASSWORD

NOTES

H

• • • • • • • • • • • • • • • • • • • •

WEBSITE

USERNAME

PASSWORD

NOTES

• • • • • • • • • • • • • • • • • • • •

WEBSITE

USERNAME

PASSWORD

NOTES

WEBSITE _____

USERNAME _____

PASSWORD _____

NOTES _____

_____

_____

• •

WEBSITE _____

USERNAME _____

PASSWORD _____

NOTES _____

_____

_____

•   **H**

WEBSITE _____

USERNAME _____

PASSWORD _____

NOTES _____

_____

_____

• •

WEBSITE _____

USERNAME _____

PASSWORD _____

NOTES _____

_____

_____

WEBSITE

USERNAME

PASSWORD

NOTES

• • • • • • • • • • • • • • • • • • • •

WEBSITE

USERNAME

PASSWORD

NOTES

H   • • • • • • • • • • • • • • • • • • •

WEBSITE

USERNAME

PASSWORD

NOTES

• • • • • • • • • • • • • • • • • • • •

WEBSITE

USERNAME

PASSWORD

NOTES

WEBSITE

USERNAME

PASSWORD

NOTES

· · · · · · · · · · · · · · · · · · · ·

WEBSITE

USERNAME

PASSWORD

NOTES

· · · · · · · · · · · · · · · · · · · ·

WEBSITE

USERNAME

PASSWORD

NOTES

· · · · · · · · · · · · · · · · · · · ·

WEBSITE

USERNAME

PASSWORD

NOTES

WEBSITE

USERNAME

PASSWORD

NOTES

• • • • • • • • • • • • • • • • • • • •

WEBSITE

USERNAME

PASSWORD

NOTES

• • • • • • • • • • • • • • • • • • • •

WEBSITE

USERNAME

PASSWORD

NOTES

• • • • • • • • • • • • • • • • • • • •

WEBSITE

USERNAME

PASSWORD

NOTES

WEBSITE

USERNAME

PASSWORD

NOTES

. . . .

WEBSITE

USERNAME

PASSWORD

NOTES

. . . .

WEBSITE

USERNAME

PASSWORD

NOTES

. . . .

WEBSITE

USERNAME

PASSWORD

NOTES

WEBSITE

USERNAME

PASSWORD

NOTES

• • • • • • • • • • • • • • • • • • •

WEBSITE

USERNAME

PASSWORD

NOTES

J • • • • • • • • • • • • • • • • •

WEBSITE

USERNAME

PASSWORD

NOTES

• • • • • • • • • • • • • • • • • • •

WEBSITE

USERNAME

PASSWORD

NOTES

WEBSITE

USERNAME

PASSWORD

NOTES

. . . .

WEBSITE

USERNAME

PASSWORD

NOTES

. . . .

J

WEBSITE

USERNAME

PASSWORD

NOTES

. . . .

WEBSITE

USERNAME

PASSWORD

NOTES

WEBSITE

USERNAME

PASSWORD

NOTES

• • • • • • • • • • • • • • • • • • • •

WEBSITE

USERNAME

PASSWORD

NOTES

J •

WEBSITE

USERNAME

PASSWORD

NOTES

• • • • • • • • • • • • • • • • • • • •

WEBSITE

USERNAME

PASSWORD

NOTES

WEBSITE

USERNAME

PASSWORD

NOTES

• •

WEBSITE

USERNAME

PASSWORD

NOTES

• •

K

WEBSITE

USERNAME

PASSWORD

NOTES

• •

WEBSITE

USERNAME

PASSWORD

NOTES

WEBSITE

USERNAME

PASSWORD

NOTES

• •

WEBSITE

USERNAME

PASSWORD

NOTES

K   •

WEBSITE

USERNAME

PASSWORD

NOTES

• •

WEBSITE

USERNAME

PASSWORD

NOTES

WEBSITE

USERNAME

PASSWORD

NOTES

● ●

WEBSITE

USERNAME

PASSWORD

NOTES

●   **K**

WEBSITE

USERNAME

PASSWORD

NOTES

● ●

WEBSITE

USERNAME

PASSWORD

NOTES

WEBSITE

USERNAME

PASSWORD

NOTES

· · · · · · · · · · · · · · · · · · · ·

WEBSITE

USERNAME

PASSWORD

NOTES

L ·

WEBSITE

USERNAME

PASSWORD

NOTES

· · · · · · · · · · · · · · · · · · · ·

WEBSITE

USERNAME

PASSWORD

NOTES

WEBSITE

USERNAME

PASSWORD

NOTES

● ●

WEBSITE

USERNAME

PASSWORD

NOTES

● ●

L

WEBSITE

USERNAME

PASSWORD

NOTES

● ●

WEBSITE

USERNAME

PASSWORD

NOTES

WEBSITE

USERNAME

PASSWORD

NOTES

● ● ● ● ● ● ● ● ● ● ● ● ● ● ● ● ● ● ● ●

WEBSITE

USERNAME

PASSWORD

NOTES

L ● ● ● ● ● ● ● ● ● ● ● ● ● ● ● ● ● ●

WEBSITE

USERNAME

PASSWORD

NOTES

● ● ● ● ● ● ● ● ● ● ● ● ● ● ● ● ● ● ● ●

WEBSITE

USERNAME

PASSWORD

NOTES

WEBSITE

USERNAME

PASSWORD

NOTES

. . . .

WEBSITE

USERNAME

PASSWORD

NOTES

. . . .

M

WEBSITE

USERNAME

PASSWORD

NOTES

. . . .

WEBSITE

USERNAME

PASSWORD

NOTES

WEBSITE

USERNAME

PASSWORD

NOTES

• • • • • • • • • • • • • • • • • • • •

WEBSITE

USERNAME

PASSWORD

NOTES

M   • • • • • • • • • • • • • • • • • •

WEBSITE

USERNAME

PASSWORD

NOTES

• • • • • • • • • • • • • • • • • • • •

WEBSITE

USERNAME

PASSWORD

NOTES

WEBSITE

USERNAME

PASSWORD

NOTES

• •

WEBSITE

USERNAME

PASSWORD

NOTES

• •

M

WEBSITE

USERNAME

PASSWORD

NOTES

• •

WEBSITE

USERNAME

PASSWORD

NOTES

WEBSITE

USERNAME

PASSWORD

NOTES

· ·

WEBSITE

USERNAME

PASSWORD

NOTES

N

· ·

WEBSITE

USERNAME

PASSWORD

NOTES

· ·

WEBSITE

USERNAME

PASSWORD

NOTES

WEBSITE

USERNAME

PASSWORD

NOTES

· ·

WEBSITE

USERNAME

PASSWORD

NOTES

· ·

N

WEBSITE

USERNAME

PASSWORD

NOTES

· ·

WEBSITE

USERNAME

PASSWORD

NOTES

WEBSITE

USERNAME

PASSWORD

NOTES

• • • • • • • • • • • • • • • • • • • •

WEBSITE

USERNAME

PASSWORD

NOTES

N

• • • • • • • • • • • • • • • • • • • •

WEBSITE

USERNAME

PASSWORD

NOTES

• • • • • • • • • • • • • • • • • • • •

WEBSITE

USERNAME

PASSWORD

NOTES

WEBSITE

USERNAME

PASSWORD

NOTES

• •

WEBSITE

USERNAME

PASSWORD

NOTES

• •

WEBSITE

USERNAME

PASSWORD

NOTES

• •

WEBSITE

USERNAME

PASSWORD

NOTES

WEBSITE

USERNAME

PASSWORD

NOTES

• • • • • • • • • • • • • • • • • • • •

WEBSITE

USERNAME

PASSWORD

NOTES

● • • • • • • • • • • • • • • • • • •

WEBSITE

USERNAME

PASSWORD

NOTES

• • • • • • • • • • • • • • • • • • • •

WEBSITE

USERNAME

PASSWORD

NOTES

WEBSITE

USERNAME

PASSWORD

NOTES

● ●

WEBSITE

USERNAME

PASSWORD

NOTES

● ●

WEBSITE

USERNAME

PASSWORD

NOTES

● ●

WEBSITE

USERNAME

PASSWORD

NOTES

WEBSITE

USERNAME

PASSWORD

NOTES

• • • • • • • • • • • • • • • • • • • •

WEBSITE

USERNAME

PASSWORD

NOTES

P • • • • • • • • • • • • • • • • • •

WEBSITE

USERNAME

PASSWORD

NOTES

• • • • • • • • • • • • • • • • • • • •

WEBSITE

USERNAME

PASSWORD

NOTES

WEBSITE

USERNAME

PASSWORD

NOTES

• •

WEBSITE

USERNAME

PASSWORD

NOTES

• •

P

WEBSITE

USERNAME

PASSWORD

NOTES

• •

WEBSITE

USERNAME

PASSWORD

NOTES

WEBSITE

USERNAME

PASSWORD

NOTES

· · · · · · · · · · · · · · · · · · · ·

WEBSITE

USERNAME

PASSWORD

NOTES

P · · · · · · · · · · · · · · · · · ·

WEBSITE

USERNAME

PASSWORD

NOTES

· · · · · · · · · · · · · · · · · · · ·

WEBSITE

USERNAME

PASSWORD

NOTES

WEBSITE

USERNAME

PASSWORD

NOTES

· · · · · · · · · · · · · · · · · · · ·

WEBSITE

USERNAME

PASSWORD

NOTES

·   **Q**

WEBSITE

USERNAME

PASSWORD

NOTES

· · · · · · · · · · · · · · · · · · · ·

WEBSITE

USERNAME

PASSWORD

NOTES

WEBSITE

USERNAME

PASSWORD

NOTES

• • • • • • • • • • • • • • • • • • • •

WEBSITE

USERNAME

PASSWORD

NOTES

Q • • • • • • • • • • • • • • • • • • •

WEBSITE

USERNAME

PASSWORD

NOTES

• • • • • • • • • • • • • • • • • • • •

WEBSITE

USERNAME

PASSWORD

NOTES

WEBSITE

USERNAME

PASSWORD

NOTES

· · · · · · · · · · · · · · · · · · · ·

WEBSITE

USERNAME

PASSWORD

NOTES

·   **Q**

WEBSITE

USERNAME

PASSWORD

NOTES

· · · · · · · · · · · · · · · · · · · ·

WEBSITE

USERNAME

PASSWORD

NOTES

WEBSITE

USERNAME

PASSWORD

NOTES

· · · · · · · · · · · · · · · · · · · ·

WEBSITE

USERNAME

PASSWORD

NOTES

R · · · · · · · · · · · · · · · · · ·

WEBSITE

USERNAME

PASSWORD

NOTES

· · · · · · · · · · · · · · · · · · · ·

WEBSITE

USERNAME

PASSWORD

NOTES

WEBSITE

USERNAME

PASSWORD

NOTES

• •

WEBSITE

USERNAME

PASSWORD

NOTES

• •

R

WEBSITE

USERNAME

PASSWORD

NOTES

• •

WEBSITE

USERNAME

PASSWORD

NOTES

WEBSITE

USERNAME

PASSWORD

NOTES

· · · · · · · · · · · · · · · · · · · ·

WEBSITE

USERNAME

PASSWORD

NOTES

R · · · · · · · · · · · · · · · · · ·

WEBSITE

USERNAME

PASSWORD

NOTES

· · · · · · · · · · · · · · · · · · · ·

WEBSITE

USERNAME

PASSWORD

NOTES

WEBSITE

USERNAME

PASSWORD

NOTES

• •

WEBSITE

USERNAME

PASSWORD

NOTES

• •

S

WEBSITE

USERNAME

PASSWORD

NOTES

• •

WEBSITE

USERNAME

PASSWORD

NOTES

WEBSITE

USERNAME

PASSWORD

NOTES

• • • • • • • • • • • • • • • • • • • •

WEBSITE

USERNAME

PASSWORD

NOTES

S   • • • • • • • • • • • • • • • • • • •

WEBSITE

USERNAME

PASSWORD

NOTES

• • • • • • • • • • • • • • • • • • • •

WEBSITE

USERNAME

PASSWORD

NOTES

WEBSITE

USERNAME

PASSWORD

NOTES

• • • • • • • • • • • • • • • • • • • •

WEBSITE

USERNAME

PASSWORD

NOTES

• • • • • • • • • • • • • • • • • • • •

S

WEBSITE

USERNAME

PASSWORD

NOTES

• • • • • • • • • • • • • • • • • • • •

WEBSITE

USERNAME

PASSWORD

NOTES

WEBSITE

USERNAME

PASSWORD

NOTES

• • • • • • • • • • • • • • • • • • • •

WEBSITE

USERNAME

PASSWORD

NOTES

T • • • • • • • • • • • • • • • • • •

WEBSITE

USERNAME

PASSWORD

NOTES

• • • • • • • • • • • • • • • • • • • •

WEBSITE

USERNAME

PASSWORD

NOTES

WEBSITE

USERNAME

PASSWORD

NOTES

· ·

WEBSITE

USERNAME

PASSWORD

NOTES

· ·

T

WEBSITE

USERNAME

PASSWORD

NOTES

· ·

WEBSITE

USERNAME

PASSWORD

NOTES

WEBSITE

USERNAME

PASSWORD

NOTES

• • • • • • • • • • • • • • • • • • • •

WEBSITE

USERNAME

PASSWORD

NOTES

T • • • • • • • • • • • • • • • • • •

WEBSITE

USERNAME

PASSWORD

NOTES

• • • • • • • • • • • • • • • • • • • •

WEBSITE

USERNAME

PASSWORD

NOTES

WEBSITE

USERNAME

PASSWORD

NOTES

• •

WEBSITE

USERNAME

PASSWORD

NOTES

• •

U

WEBSITE

USERNAME

PASSWORD

NOTES

• •

WEBSITE

USERNAME

PASSWORD

NOTES

WEBSITE

USERNAME

PASSWORD

NOTES

• • • • • • • • • • • • • • • • • • • •

WEBSITE

USERNAME

PASSWORD

NOTES

U • • • • • • • • • • • • • • • • • • •

WEBSITE

USERNAME

PASSWORD

NOTES

• • • • • • • • • • • • • • • • • • • •

WEBSITE

USERNAME

PASSWORD

NOTES

WEBSITE

USERNAME

PASSWORD

NOTES

● ●

WEBSITE

USERNAME

PASSWORD

NOTES

● ●

U

WEBSITE

USERNAME

PASSWORD

NOTES

● ●

WEBSITE

USERNAME

PASSWORD

NOTES

WEBSITE

USERNAME

PASSWORD

NOTES

• • • • • • • • • • • • • • • • • • • •

WEBSITE

USERNAME

PASSWORD

NOTES

V • • • • • • • • • • • • • • • • •

WEBSITE

USERNAME

PASSWORD

NOTES

• • • • • • • • • • • • • • • • • • • •

WEBSITE

USERNAME

PASSWORD

NOTES

WEBSITE

USERNAME

PASSWORD

NOTES

· · · · · · · · · · · · · · · · · · · ·

WEBSITE

USERNAME

PASSWORD

NOTES

· · · · · · · · · · · · · · · · · · · ·

V

WEBSITE

USERNAME

PASSWORD

NOTES

· · · · · · · · · · · · · · · · · · · ·

WEBSITE

USERNAME

PASSWORD

NOTES

WEBSITE

USERNAME

PASSWORD

NOTES

· ·

WEBSITE

USERNAME

PASSWORD

NOTES

V

· · · · · · · · · · · · · · · · · · · ·

WEBSITE

USERNAME

PASSWORD

NOTES

· · · · · · · · · · · · · · · · · · · ·

WEBSITE

USERNAME

PASSWORD

NOTES

WEBSITE

USERNAME

PASSWORD

NOTES

●●●●●●●●●●●●●●●●●●●●●●

WEBSITE

USERNAME

PASSWORD

NOTES

●●●●●●●●●●●●●●●●●●●●●● **W**

WEBSITE

USERNAME

PASSWORD

NOTES

●●●●●●●●●●●●●●●●●●●●●●

WEBSITE

USERNAME

PASSWORD

NOTES

WEBSITE

USERNAME

PASSWORD

NOTES

· · · · · · · · · · · · · · · · · · · ·

WEBSITE

USERNAME

PASSWORD

NOTES

W　· · · · · · · · · · · · · · · · · · · ·

WEBSITE

USERNAME

PASSWORD

NOTES

· · · · · · · · · · · · · · · · · · · ·

WEBSITE

USERNAME

PASSWORD

NOTES

WEBSITE

USERNAME

PASSWORD

NOTES

· ·

WEBSITE

USERNAME

PASSWORD

NOTES

·   **W**

WEBSITE

USERNAME

PASSWORD

NOTES

· ·

WEBSITE

USERNAME

PASSWORD

NOTES

WEBSITE

USERNAME

PASSWORD

NOTES

● ● ● ● ● ● ● ● ● ● ● ● ● ● ● ● ● ● ● ●

WEBSITE

USERNAME

PASSWORD

NOTES

X ● ● ● ● ● ● ● ● ● ● ● ● ● ● ● ● ● ●

WEBSITE

USERNAME

PASSWORD

NOTES

● ● ● ● ● ● ● ● ● ● ● ● ● ● ● ● ● ● ● ●

WEBSITE

USERNAME

PASSWORD

NOTES

WEBSITE

USERNAME

PASSWORD

NOTES

· ·

WEBSITE

USERNAME

PASSWORD

NOTES

·   X

WEBSITE

USERNAME

PASSWORD

NOTES

· ·

WEBSITE

USERNAME

PASSWORD

NOTES

WEBSITE

USERNAME

PASSWORD

NOTES

· · · · · · · · · · · · · · · · · · · ·

WEBSITE

USERNAME

PASSWORD

NOTES

X
· · · · · · · · · · · · · · · · · · · ·

WEBSITE

USERNAME

PASSWORD

NOTES

· · · · · · · · · · · · · · · · · · · ·

WEBSITE

USERNAME

PASSWORD

NOTES

WEBSITE

USERNAME

PASSWORD

NOTES

● ● ● ● ● ● ● ● ● ● ● ● ● ● ● ● ● ● ● ●

WEBSITE

USERNAME

PASSWORD

NOTES

● ● ● ● ● ● ● ● ● ● ● ● ● ● ● ● ● ● ● ●

Y

WEBSITE

USERNAME

PASSWORD

NOTES

● ● ● ● ● ● ● ● ● ● ● ● ● ● ● ● ● ● ● ●

WEBSITE

USERNAME

PASSWORD

NOTES

WEBSITE

USERNAME

PASSWORD

NOTES

• • • • • • • • • • • • • • • • • • • •

WEBSITE

USERNAME

PASSWORD

NOTES

Y

• • • • • • • • • • • • • • • • • •

WEBSITE

USERNAME

PASSWORD

NOTES

• • • • • • • • • • • • • • • • • • •

WEBSITE

USERNAME

PASSWORD

NOTES

WEBSITE

USERNAME

PASSWORD

NOTES

• •

WEBSITE

USERNAME

PASSWORD

NOTES

•   **Y**

WEBSITE

USERNAME

PASSWORD

NOTES

• • • • • • • • • • • • • • • • • • • •

WEBSITE

USERNAME

PASSWORD

NOTES

WEBSITE

USERNAME

PASSWORD

NOTES

• • • • • • • • • • • • • • • • • • • •

WEBSITE

USERNAME

PASSWORD

NOTES

Z   • • • • • • • • • • • • • • • • • •

WEBSITE

USERNAME

PASSWORD

NOTES

• • • • • • • • • • • • • • • • • • •

WEBSITE

USERNAME

PASSWORD

NOTES

WEBSITE

USERNAME

PASSWORD

NOTES

• •

WEBSITE

USERNAME

PASSWORD

NOTES

• •

Z

WEBSITE

USERNAME

PASSWORD

NOTES

• •

WEBSITE

USERNAME

PASSWORD

NOTES

WEBSITE

USERNAME

PASSWORD

NOTES

· · · · · · · · · · · · · · · · · · · ·

WEBSITE

USERNAME

PASSWORD

NOTES

Z
· · · · · · · · · · · · · · · · · · · ·

WEBSITE

USERNAME

PASSWORD

NOTES

· · · · · · · · · · · · · · · · · · · ·

WEBSITE

USERNAME

PASSWORD

NOTES

NOTES

NOTES

NOTES

NOTES

NOTES

NOTES

NOTES

NOTES

NOTES

NOTES

NOTES

NOTES

NOTES

NOTES

NOTES

NOTES